BEI GRIN MACHT SICH IHR WISSEN BEZAHLT

Trainingslehre II. Ausarbeitung eines Ausdauertrainingsplans

Selina Glaubitz

Bibliografische Information der Deutschen Nationalbibliothek:

Die Deutsche Nationalbibliothek verzeichnet diese Publikation in der Deutschen Nationalbibliografie; detaillierte bibliografische Daten sind im Internet über http://dnb.d-nb.de abrufbar.

ISBN: 9783346629906
Dieses Buch ist auch als E-Book erhältlich.

Deutsche Hochschule für

Prävention und Gesundheitsmanagement

Hermann Neuberger Sportschule 3

66123 Saarbrücken

Einsendeaufgabe

Fachmodul:	Trainingslehre II
Studiengang:	Bachelor Gesundheitsmanagement
Datum Präsenzphase:	11.06. - 13.06.2019
Name, Vorname:	Glaubitz, Selina
Studienort:	**München**
Semester:	**SS 2018**

Inhaltsverzeichnis

1. Diagnose

1.1. Allgemeine und biometrische Daten

Tab. 1: Allgemeine Daten zur Testperson

Alter in Jahren	35
Geschlecht	männlich
Körpergröße in m	1,79
Körpergewicht in kg	82
Trainingsmotive	Figur formen und 10 km am Stück joggen können
Berufliche Tätigkeit	Büroangestellter
Aktuelle und frühere sportliche Aktivitäten	Einmal pro Woche höchstens 60 Minuten Tischtennis mit Freunden seit 2 Jahren Sehr unregelmäßig joggen für ca. 30 Minuten
Zeitlicher Verfügungsrahmen	Dreimal pro Woche bis zu 90 Minuten

Tab. 2: Biometrische Daten der Testperson und deren Bewertung

Parameter	Ist-Wert der Testperson	Normwert	Bewertung
Blutdruck in mmHg	135/87	Normal ist der Blutdruck unter 129/84 laut Mancia et al. (2013, S. 1286)	Man spricht noch nicht von Hypertonie, allerdings liegt der Wert der Testperson im hochnormalen Bereich.
Ruhepuls in Schläge/ Minute	74	60 - 80 (Siems, Bremer und Przyklenk,2009)	Der Ruhepuls liegt innerhalb des Normbereichs, hat aber noch Verbesserungs- potenzial.
Körperfettanteil in %	20	Der Normalwert für einen Mann zwischen 30 und 50 Jahren entspricht nach Friedmacher (2009) 13-15.	Der Körperfettanteil liegt deutlich über den Normwerten und sollte, um Folgeerkrankungen zu verhindern, gesenkt werden.

Der allgemeine Gesundheitszustand der Testperson ist insgesamt gut, sie hat weder internistische noch orthopädische Beschwerden, ist nicht in ärztlicher Behandlung und muss auch keine Medikamente einnehmen.

1.2. Leistungsdiagnostik / Ausdauertestung

Begründung des ausgewählten Testverfahrens

Mit der Testperson soll ein Stufentest auf dem Fahrradergometer nach der IPN-Methode durchgeführt werden. Das Belastungsschema soll nach Hollmann und Venrath gestaltet werden, da die Testperson einmal pro Woche Sport treibt und somit vorausgesetzt wird, dass die Belastung von 150 Watt von diesem Mann erreicht und durchfahren wird. Der Test erfolgt im submaximalen Bereich, weil der der Sportler eine maximale Belastung nicht gewohnt ist und es für die Trainingsplanung nicht unbedingt notwendig ist.

Durchführung des IPN - Tests

Im Vorfeld wird die Zielherzfrequenz festgelegt. Für die Voreinstufung nach Ruhepuls und Lebensalter ergibt sich eine Pulsobergrenze von 140 Schlägen pro Minute (S/Min) (Amelung, 2012). Da die Testperson nur einmal pro Woche bis zu einer Stunde Sport treibt, ergibt sich dadurch keine Veränderung für die Herzfrequenz.

Tab. 3: Ausgangsdaten zum IPN-Test

Zielherzfrequenz in Schlägen/Minute	140
Eingangsbelastung in Watt	30
Stufendauer in Minuten	3
Belastungssteigerung in Watt	40
Trittfrequenz in Umdrehungen/Minute	60-80

Tab. 4: Testprotokoll Stufentest nach Hollmann und Venrath

Stufe	Zeit in Minuten	Watt	Hf in Schläge/Minute
1	1	30	80
1	2	30	87
1	3	30	96
2	4	70	100
2	5	70	108
2	6	70	111

Stufe	Zeit in Minuten	Watt	Hf in Schläge/ Minute
3	7	110	114
3	8	110	118
3	9	110	121
4	10	150	127
4	11	150	134
4	12	150	136
5	13	190	139
5	14	190	140
5	15	190	142

Die Testperson hat in der fünften Stufe die Zielherzfrequenz erreicht und ist diese noch vollständig zu Ende gefahren.

Bewertung des Testergebnisses

Anhand der Wattleistung im Test lässt sich die Leistung in Watt/kg angeben. Das Ergebnis liegt bei $190 \div 82 = 2{,}32$. In Bezug zur IPN-Normwerttabelle entspricht dieses Ergebnis einer durchschnittlichen Leistung für untrainierte Männer von 35 bis 39 Jahren (IPN, 2004).

1.3.Gesundheits- und Leistungsstatus der Person

Der Mann ist gesund und wie man anhand der Testergebnisse sieht, ist er für einen untrainierten Mann seines Alters durchschnittlich leistungsfähig. Aus der IPN-Tabelle (2004) ergibt sich ein Belastungsfaktor von 0,62. Nur auf den erhöhten Blutdruck sollte im Zuge der Trainingsplanung Rücksicht genommen werden, indem statische Muskelarbeit weitestgehend vermieden wird und möglichst große und viele Muskelgruppen beansprucht werden sollen. Das hat zum Ziel, den erhöhten Bedarf der Muskulatur vermehrt durch einen Pulsanstieg (Herzvolumenarbeit) als Blutdruckanstieg (Herzdruckarbeit) zu bewerkstelligen.

2. Zielsetzung / Prognose

Tab.5: Zielsetzung und Prognose

Zielinhalt	Ausmaß	Zeit in Wochen	Begründung
Körperfettreduktion	Von 20 auf 15%, also - 4,1 kg Fett	10	Folgeerkrankungen wie Stoffwechselerkrankungen oder Hypertonie (Dieterle & Landgraf, 2006; Janhsen, 2011) sollen vermieden werden. Figurformung als eigener Wunsch (vgl. Tab.1)
Blutdrucksenkung	Um 6 mmHg systolisch und 3 mmHg diastolisch	6	Bewegungsmangel stellt einen Risikofaktor für Hypertonie und deren kardiovaskuläre sowie internistische Folgeerkrankungen dar (Janhsen, 2011). Dem soll durch gezieltes Ausdauertraining entgegengewirkt werden und die momentane Lage noch verbessert werden.
Teilnahme an einem 10-km-Lauf	Die 10 km in unter einer Stunde, 15 Minuten	14	Momentan ist er in der Lage, ca. 30 Minuten mit konstantem Tempo ca. 4 km weit zu joggen. Das heißt, er muss die Trainingsdauer mehr als verdoppeln und das bei fast gleichem Tempo. Dieses Ziel ist für die Motivation der Testperson immens wichtig und deshalb auch ein Grund, weshalb die anderen Ziele besser erreicht werden können.

3. Trainingsplanung Mesozyklus

In allen folgenden Aufgaben wird die Trainingsherzfrequenz (THf) wie folgt nach der IPN - Formel berechnet: $[(220 - 3/4 \text{ LA}) - Hf_{Ruhe}] \times Bf + Hf_{Ruhe} =$

$[(220 - 26,25) - 74] \times 0,62 + 74 = 148 \text{ [S/Min]}$

Das Ergebnis stellt die individuelle Pulsobergrenze für aerobes Training dar. Daraus werden nun die individuellen Pulsbereiche für die Intensität abgeleitet und in nachfolgender Tabelle dargestellt:

Tab. 6: Zuordnung der Pulsbereiche für gegebene Belastung

Intensität in % der Hf_{max}	Intensität in % der Pulsobergrenze für aerobes Training	Individuelle THf
50 - 60	59 - 71	87 - 105
60 - 65	71 - 76	105 - 112
70 - 75	82 - 88	121 - 130
80 - 85	94 - 100	139 - 148

3.1 Grobplanung Mesozyklus

Tab. 7: Grobplanung Mesozyklus

Dauer des Mesozyklus in Wochen	6
Trainingszielsetzung	Stabilisierung und Entwicklung der Grundlagenausdauer (GA); Senkung des Blutdrucks; z.T. Körperfettreduktion
Wöchentlicher Gesamttrainingsumfang in Minuten	112 - 150
Trainingsmethode(n)	Extensive Dauermethode (Ext DM) Variable Dauermethode (Var DM)
Belastungsintensität in % der Hf_{max} bzw. Schläge/Minute	Ext DM: 50 - 75 bzw. 87 - 130 Var DM: 70 - 85 bzw. 121 - 148
Trainingshäufigkeit pro Woche	Drei Mal
Trainingsdauer pro Einheit in Minuten	Ext DM: 45 - 60 Var DM: 32 - 45
Geräte bzw. Bewegungsformen	Laufen, Crosstrainer, Stepper

3.2 Detailplanung Mesozyklus

Tab. 8: Detailplanung Mesozyklus

Woche 1	Montag	Mittwoch	Freitag
Trainingsziel	GA 1	GA2	GA1
Trainingsmethode	Ext DM	Var DM	Ext DM
Trainingsintensität in % der Hf_{max}	60 - 65	Während niedrigerer Intensität (1): 65 - 70 Während höherer Intensität (2): 75 - 80	65 - 70
Trainingsherzfrequenz in Schlägen/Minute	105 - 112	1: 112 - 121 2: 130 - 139	112 - 121
Trainingsdauer in Minuten	45	32 (4:4)	35
Gerät bzw. Bewegungsform	Crosstrainer	Laufband	Stepper

Woche 2	Montag	Mittwoch	Freitag
Trainingsziel	GA1	GA2	GA1
Trainingsmethode	Ext DM	Var DM	Ext DM
Trainingsintensität in % der Hf_{max}	60 - 65	1: 65 - 70 2: 75 - 80	65 - 70
Trainingsherzfrequenz in Schlägen/Minute	105 - 112	1: 112 - 121 2: 130 - 139	112 - 121
Trainingsdauer in Minuten	50	36 (4:4)	40
Gerät bzw. Bewegungsform	Crosstrainer	Laufband	Stepper

Woche 3	Montag	Mittwoch	Freitag
Trainingsziel	GA1	GA2	GA1
Trainingsmethode	Ext DM	Var DM	Ext Dm
Trainingsintensität in % der Hf_{max}	60 - 65	1: 65 -70 2: 75 - 80	65 - 70
Trainingsherzfrequenz in Schlägen/Minute	105 - 112	1: 112 - 121 2: 130 - 139	112 - 121
Trainingsdauer in Minuten	55	40 (4:4)	45
Gerät bzw. Bewegungsform	Crosstrainer	Laufen Outdoor	Stepper

Woche 4	Montag	Mittwoch	Freitag
Trainingsziel	GA1	GA2	GA1
Trainingsmethode	Ext DM	Var DM	Ext DM
Trainingsintensität in % der Hf_{max}	60 - 65	1: 65 -70 2: 75 - 80	65 - 70
Trainingsherzfrequenz in Schlägen/Minute	105 - 112	1: 112 - 121 2: 130 - 139	112 - 121
Trainingsdauer in Minuten	60	40 (5:5)	50
Gerät bzw. Bewegungsform	Crosstrainer	Laufen Outdoor	Stepper

Woche 5	Montag	Mittwoch	Freitag
Trainingsziel	GA1	REKOM	GA1
Trainingsmethode	Ext DM	Ext DM	Ext DM
Trainingsintensität in % der Hf_{max}	60 - 65	50 - 60	70 - 75
Trainingsherzfrequenz in Schlägen/Minute	105 - 112	87 - 105	121 - 130
Trainingsdauer in Minuten	45	40	45
Gerät bzw. Bewegungsform	Crosstrainer	Laufband	Stepper

Woche 6	Montag	Mittwoch	Freitag
Trainingsziel	GA1	GA2	GA1
Trainingsmethode	Ext DM	Var DM	Ext Dm
Trainingsintensität in % der Hf_{max}	65 - 70	1: 65 - 70 2: 75 - 80	70 - 75
Trainingsherzfrequenz in Schlägen/Minute	112 - 121	1: 112 - 121 2: 130 - 139	121 - 130
Trainingsdauer in Minuten	55	45 (5:5)	50
Gerät bzw. Bewegungsform	Crosstrainer	Laufen Outdoor	Stepper

3.3 Begründung zum Mesozyklus

Der dargestellte Mesozyklus befindet sich nicht ganz zu Beginn des Trainings. Die Testperson hat bereits im Vorfeld einen Mesozyklus von 4 Wochen zum Aufbau und zur Entwicklung der Grundlagenausdauer durchlaufen, bei dem die Trainingshäufigkeit und -dauer kontinuierlich gesteigert wurde.

Angestrebter wöchentlicher Belastungsumfang

Die Trainingshäufigkeit ist im vorliegenden Mesozyklus bereits maximal bezüglich des zeitlichen Verfügungsrahmens der Testperson. Sie hat pro Einheit maximal 90 Minuten zur Verfügung, was in der Planung dementsprechend nicht überschritten wird. Die Trainingsdauer wird zu Beginn auf 45 Minuten für die extensive Dauermethode im GA1 - Bereich festgelegt. Dadurch erfährt der Körper bereits einen trainingswirksamen Reiz (Haber, 2018). Allerdings ist diese Dauer für den Trainierenden zu bewältigen, da er im vorhergehenden Mesozyklus an diese kontinuierliche Belastung gewöhnt wurde. Das Training freitags soll mit einer etwas höheren Intensität und dafür einer kürzeren Dauer erfolgen. Die variable Dauermethode beginnt mit einer Trainingsdauer von 32 Minuten, da sich der Trainierende erst an die höhere Intensität gewöhnen muss. Der wöchentliche Gesamttrainingsumfang liegt zu Beginn mit 112 Minuten zwischen den Empfehlungen zum Minimal- und Optimal-Programm, am Ende des Mesozyklus liegt der Umfang mit 150 Minuten im Optimal-Programm, somit wird die Testperson zu einem optimalen Trainingsumfang pro Woche hingeführt (Zintl & Eisenhut, 2001). Wichtig für das Training ist, dass durch längere Einheiten die Grundlagenausdauer im aeroben Bereich geschaffen wird, was in den folgenden Abschnitten genauer beschrieben wird.

Trainingsmethoden

Als Trainingsmethode wird zum Einen die extensive Dauermethode zur Stabilisierung der Grundlagenausdauer gewählt. Sie ist die Basistrainingsmethode mit längeren Belastungszeiten und dafür geringerer Intensität. Deshalb wird auch das gesamte Intensitätsspektrum ausgenutzt, das heißt, einmal wird länger im niedrigeren Bereich von 60 - 65% der Hf_{max} trainiert und einmal pro Woche im etwas höheren Bereich von 65- 70% bzw. 70 - 75% der Hf_{max}. Die extensive Dauermethode ist elementar für die Erreichung des Ziels, an einem 10-km-Lauf teilzunehmen. Durch die kontinuierliche Steigerung der Trainingsdauer wird bei gleichbleibender Intensität die zurückgelegte Distanz immer mehr gesteigert. Außerdem wird positiver Einfluss auf das Herz-Kreislauf-System genommen, was bei der Senkung des Blutdrucks zu Gute kommt. Weitere Ausführungen hierzu siehe unter angesteuerte Trainingsbereiche. Als weitere Trainingsmethode wurde die variable Dauermethode gewählt. Der Trainierende soll so an höhere Belastungen gewöhnt werden. Er war zu Beginn des Trainings eher untrainiert, wurde durch den vorhergehenden Mesozyklus bereits zum Gesundheits-Minimal-Programm hingeführt und soll jetzt seine Leistungsfähigkeit weiter steigern. Das geschieht zuerst durch die Hinführung über die variable Dauermethode. Durch den Wechsel von einer Herzfrequenz deutlich unter der anaeroben Schwelle und einer Hf fast an der IANS wird der Körper langsam an die höheren Belastungen gewöhnt. Um seinen Lauf in seiner gewünschten Zeit bewältigen zu können, ist es wichtig, nicht nur die Dauer des Trainings zu verlängern, sondern eben auch mit dieser Methode im Bereich GA 2 seine Grundlagenausdauer weiterzuentwickeln, indem z.B. die VO2max gesteigert und die individuelle anaerobe Schwelle angehoben wird (Hilfiker, 2007).

Belastungsprogression

Bei der Belastungsprogression gilt grundsätzlich, dass die wöchentliche Belastungsdauer entscheidender für eine Leistungssteigerung ist als die Intensität des Trainings (Haber, 2018). Deshalb wird nach dem Prinzip Häufigkeit vor Dauer vor Intensität vorgegangen (Mathias, 2018). Die Trainingshäufigkeit hat schon im vorherigen Mesozyklus ihre maximale Anzahl von dreimal pro Woche erreicht. In den ersten vier Wochen wird deshalb die Trainingsdauer jeweils um ca. 10-15% gesteigert. In der fünften Woche liegt der Fokus auf der Regeneration. Deshalb wird die Einheit montags bei gleicher Intensität um 15 Minuten verkürzt und statt des Trainings im GA 2 - Bereich wird ein Regenerationstraining bei niedriger Intensität und geringer Dauer eingesetzt. Diese Woche dient dazu, die erlangte Grundlagenausdauer zu stabilisieren und dem Körper Zeit zur Regeneration zu geben. Bei der extensiven Dauermethode im niedrigeren Bereich der Intensität (immer montags) steigt die Dauer jeweils um fünf Minuten an. In der letzten Woche des Mesozyklus wird schließlich die Intensität um 5% gesteigert und die Dauer dafür um fünf Minuten verkürzt. Im folgenden Mesozyklus soll die Zeit mit dieser neuen Intensität dann bis auf Wettkampflänge erhöht werden. Bei der zweiten Einheit der Woche im GA 1 - Bereich (freitags) erfolgt die Progression ganz ähnlich, nur dass die Intensität schon eine Woche vorher erhöht wird, einerseits um einen neuen Reiz zu setzen und andererseits, weil der Fokus dieser Einheit mehr auf der Intensität als auf der Dauer liegt, die eher in der Montags-Einheit den Schwerpunkt bildet. Die variable Dauermethode schließlich beginnt mit vier Abschnitten mit höherer und vier Abschnitten mit geringerer Intensität, die sich nach vier Minuten abwechseln. Somit ergibt sich zu Beginn eine Trainingsdauer von 32 Minuten. Zweimal wird die Anzahl der Wechsel erhöht, dann wird die Dauer der Abschnitte um eine Minute verlängert, wobei die Gesamtzeit zur vorhergehenden Woche gleich bleibt. Das soll den Trainierenden dazu bringen, immer länger mit einer höheren Intensität laufen zu können. Abschließend wird auch hier nochmal die Anzahl der Wechsel und somit die Trainingsdauer erhöht. Dieses Schema wird verwendet, weil so die absolute Zeit, die die Testperson mit einer Intensität im GA 2 - Bereich läuft, immer mehr steigt. Das ist einerseits zuträglich zur Körperfettreduktion, da ein höherer Kalorienverbrauch durch höhere Belastung erfolgt. Andererseits ist wird dabei an höhere Belastung, also an höheres Tempo beim Laufen (bei gleicher Steigung) herangeführt, was wichtig ist für die angestrebte Zeit beim 10-km-Lauf.

Angesteuerte Trainingsbereiche

Der wichtigste Trainingsbereich in diesem Mesozyklus ist der GA 1 - Bereich. Um das Ziel des Mesozyklus zu erreichen, also die Stabilisierung der Grundlagenausdauer und die Senkung des Blutdrucks ist der Grundlagenausdauerbereich 1 Trainingsbereich der Wahl. Das liegt vor allem an den daraus resultierenden Anpassungseffekten. Dazu gehören die Verbesserung des Fettstoffwechsels und der Funktionen des Herz-Kreislauf-Systems. Diese Ökonomisierung der Herz-Kreislauf-Arbeit führt zu einer Blutdrucksenkung. Das geschieht einerseits durch Neubildung von Kapillaren (Haber, 2018). Dadurch wird das Blut in den Muskeln besser verteilt, was zur Blutdrucksenkung führt. Außerdem werden die Blutgefäße erweitert (Huonker, Schmid, Schmidt-Trucksäß, Grathwohl & Keul, 2003), was ebenfalls zu einem geringeren Druck durch größeres Volumen führt. Außerdem wird durch die Verbesserung der Grundlagenausdauer der Anteil des aeroben Stoffwechsels bei intensiven Belastungen erhöht (Schnabel, 2008). Da die Energiebereitstellung im aeroben Bereich primär durch Fette sehr lange konstant aufrecht erhalten werden kann, erfolgt eine Ermüdung deutlich später, umso höher die anaerobe Schwelle. Das heißt, durch gezieltes Training der Grundlagenausdauer ermüdet der Sportler deutlich später, was wichtig ist, um den 10-km-Lauf auch mit höherem

Tempo laufen zu können. Der zweite wichtige Trainingsbereich für das Ziel Erweiterung der Grundlagenausdauer ist der GA 2 - Bereich. Durch die variable Dauermethode bewegt sich der Sportler immer im aeroben-anaeroben Grenzbereich, also genau im GA 2 - Bereich. Ein Training in diesem Bereich fördert die Laktattoleranz und -elimination, zudem wird die anaerobe Schwelle Richtung maximale Herzfrequenz verschoben (Hilfiker, 2007). Durch die höhere Intensität wird ein höherer Kalorienverbrauch erzielt, was zur Erreichung des Ziels der Körperfettreduktion entscheidend ist. Außerdem kann der Muskel durch die erhöhte Laktattoleranz länger einer höheren Belastung standhalten, bevor er übersäuert. Das ist wichtig im Hinblick auf den 10-km-Lauf, der ja mit höherem Tempo gelaufen werden soll. Der dritte Trainingsbereich im Mesozyklus ist der Regenerationsbereich (REKOM). Dadurch wird die Regeneration des Körpers aktiv unterstützt und die Belastbarkeit wird erhöht für darauffolgende intensive Trainingseinheiten. So hat die Testperson zwischen den Einheiten von höherer und mittlerer Intensität noch einmal die Zeit zur Regeneration, bevor dann zum Ende des Mesozyklus die Intensitäten bzw. die Dauer der Einheiten noch einmal erhöht werden.

Ausdauergeräte bzw. Bewegungsformen

Als Bewegungsform wurde zum Einen natürlich das Laufen gewählt, da die Testperson an einem Lauf teilnehmen möchte. Der Mesozyklus startet auf dem Laufband, da die Intensität durch konstante Steigung und stufenweise verstellbare Geschwindigkeit sehr leicht zu regulieren ist. Hat der Trainierende sich dann an die Intensität gewöhnt und seinen Körper einzuschätzen gelernt, wird das Training nach draußen verlegt. So lernt er, auch mit verschiedenen Umwelteinflüssen sowie unterschiedlicher Steigung die Intensität abzuschätzen. Des Weiteren werden die Sprunggelenke daran gewöhnt, eventuelle Unebenheiten ausgleichen zu müssen. All das ist entscheidend im Rahmen eines sportartspezifischen Trainings im Hinblick auf den angestrebten Lauf. Um das Training variantenreich zu gestalten, Bezug nehmend auf das Prinzip der variierenden Belastung, werden außerdem der Crosstrainer und der Stepper eingesetzt. Beim Stepper sollte auf intensiven Armeinsatz geachtet werden. Denn bei allen gewählten Ausdauergeräten ist darauf geachtet worden, dass möglichst viele und möglichst große Muskelgruppen in Bewegung sind. Grund dafür ist zum Einen, dass dann verstärkt Herzvolumenarbeit anstatt Herzdruckarbeit geleistet wird. Dadurch wird ein übermäßiger Blutdruckanstieg vermieden. Zum Anderen wird durch den Einsatz eines großen Anteils der Muskulatur der Energieverbrauch gesteigert, was einen erhöhten Kalorienverbrauch bedeutet. Dieser ist wichtig für eine schnellere Körperfettreduktion.

4. Literaturrecherche

Die folgende Tabelle stellt zwei Studien zum Thema „Effekte des Ausdauertrainings bei arterieller Hypertonie" vergleichend dar.

Tab. 9: Effekte des Ausdauertrainings bei arterieller Hypertonie

Titel	Effects of 12-week brisk walking training on exercise blood pressure in elderly patients with essential hypertension: a pilot study. (Effekte eines zwölfwöchigen intensiven Walking-Trainings auf den Blutdruck während des Trainings bei älteren Patienten mit essentieller Hypertonie: eine Pilot-Studie)	The effects of exercise duration on post-exercise hypotension. (Effekte der Trainingsdauer auf den Blutdruck nach dem Training)
Autoren	He, L., Wei W.r., Can, Z.	MacDonald, J.R., MacDougall, J.D., Hogben, C.D.
Jahr der Veröffentlichung	2018	2000
Versuchspersonen	46 Patienten mit essentieller Hypertonie	Acht Teilnehmer mit hochnormalem Blutdruck, mit durchschnittlich 133/79 mmHg
Versuchsaufbau	Einteilung der Patienten in zwei Gruppen: Die Kontrollgruppe nahm an keinem Trainingsprogramm teil. Die Behandlungsgruppe nahm dreimal wöchentlich an einem 60-minütigen intensiven Walking teil. Vor und nach den zwölf Wochen wurde ein drei-Minuten Walking-Test durchgeführt, jeweils mit geringer und hoher Intensität.	Die Teilnehmer absolvierten mehrere Runden auf dem Fahrradergometer mit 70% der VO_{2max}, jeweils zehn und 30 Minuten. Blutdruckmessung jeweils in Ruhe und fünf, zehn, 15, 30, 45, und 60 Minuten nach der Einheit.

Ergebnisse und Schlussfolgerung

Nach zwölf Wochen Walking-Training war der Blutdruck der Behandlungs-Gruppe deutlich gesenkt. In Ruhe um 8,3 mmHg, bei niedriger Belastung um 15,6 mmHg, bei hoher Intensität um 22,6 mmHg. Die Herzfrequenz der Behandlungs-Gruppe konnte ebenfalls gesenkt werden. In Ruhe um 3,6 Schläge / Minute, bei niedriger Intensiät um 8,7 Schläge / Minute und bei hoher Intensität um 11,3 Schläge / Minute. Außerdem konnten die Schritte pro Tag um 6000 gesteigert werden, die Vo_2max um 2,4 ml/kg/m, die tägliche Aktivität um 40 Minuten und die täglich verbrauchte Energiemenge um 113 kcal. Weiter konnte der Körperfettanteil um 2% und die Zeit, die sitzend verbracht wird, um 60 Minuten am Tag reduziert werden.

Der systolische Blutdruck begann ab Minute fünf bis 60 unter den Ausgangswert zu sinken. Die höchste Reduktion des Blutdrucks (um 14 mmHg) trat 15 Minuten nach der Belastung auf. Der diastolische Blutdruck war ebenfalls unabhängig von der Belastungsdauer. Er war nach fünf Minuten und dann wieder nach 15 bis 45 Minuten nach Belastungsende unter dem Ausgangswert. Der durchschnittliche arterielle Druck zeigte ebenfalls eine signifikante Reduktion, die ganze Stunde nach der Trainingseinheit mit einem Maximum von 9 mmHg 15 Minuten nach der Einheit, wobei die Belastungsdauer unerheblich ist.

Moderates Training bewirkt schon mit einer Dauer von 10 Minuten eine Reduktion des Blutdrucks in Ruhe. Deshalb hat es Potential zu einer Therapie bei Hypertonie.

5. Literaturverzeichnis

Amelung, P., Niemier, K. (Hrsg.), Seidel, W. (Hrsg). (2012). *Funktionelle Schmerzthe-rapie des Bewegungssystems* (2. Aufl.). Berlin, Heidelberg: Springer-Verlag

Dieterle, C., & Landgraf, R. (2006). Folgeerkrankungen und Komplikationen der Adi-positas. *Der Internist, 47*(2), 141–149.

Friedmacher, F. M. (2009). *Über den Einfluss von körperlicher Aktivität, Body Mass Index, prozentualem Körperfettanteil und Alter auf die kardiopulmonale Leis-tungsfähigkeit bei Personen mit normaler und gestörter Glukosetoleranz*. Dis-sertation, Eberhard-Karls-Universität zu Tübingen. Stuttgart.

Haber, P. (2018). *Leitfaden zur medizinischen Trainingsberatung: Rehabilitation bis Leistungssport* (4. Auflage). Berlin: Springer.

He, L., Wei, W. r., & Can, Z. (2018). Effects of 12-week brisk walking training on exer-cise blood pressure in elderly patients with essential hypertension: a pilot study. *Clinical and Experimental Hypertension, 40*(7), 673–679.

Hilfiker, R. (2007). Bestimmen der aeroben Leistungsfähigkeit. *physiopraxis, 3*(5), 36–37.

Huonker, M., Schmid, A., Grathwohl, D., & Keul, J. (2003). Size and blood flow of cen-tral and peripheral arteries in highly trained able-bodied and disabled athletes. *Journal of Applied Physiology, 95*(2), 685–691.

Institut für Prävention und Nachsorge (IPN). (2004). *IPN-Test® - Ausdauertest für den Fitness- und Gesundheitssport*. Köln: Institut für Prävention und Nachsorge.

Janhsen, K. (2011). Hypertonie. *Versorgungs-Report 2011*. 165–178.

MacDonald, J. R., MacDougall, J. D., & Hogben, C. D. (2000). The effects of exercise duration on post-exercise hypotension. *Journal of Human Hypertension, 14*(2), 125–129.

Mancia, G., Fagard, R., Narkiewicz, K., Redòn, J., Zanchetti, A., & Böhm, M. (2013). *2013 ESH/ESC Guidelines for the management of arterial hypertension. The task force for the management of arterial hypertension of the European Society of Hypertension (ESH) and of the European Society of Cardiology (ESC).* 1281–1357.

Mathias, D. (2018). *Fit und gesund von 1 bis Hundert - Ernährung und Bewegung - Aktuelles medizinisches Wissen zur Gesundheit* (4. Aufl.). Berlin, Heidelberg: Springer-Verlag

Schnabel, G. (2008). *Trainingslehre - Trainingswissenschaft: Leistung - Training - Wettkampf.* Aachen: Meyer & Meyer Verlag.

Siems, W., Bremer, A., & Przyklenk, J. (2009). *Allgemeine Krankheitslehre für Physiotherapeuten.* Heidelberg: Springer.

Zintl, F., & Eisenhut, A. (2001). *Ausdauertraining. Grundlagen - Methoden - Trainingsstuerung* (5. überarb. Aufl.). München: BLV.

6. Tabellenverzeichnis